AF227257

EXTRAIT DE LA RENOMMÉE,

Revue Biographique, Politique et Littéraire.

— ◆ —

ÉTUDES LITTÉRAIRES.

— ◆ —

AGRIPPINE

TRAGÉDIE EN CINQ ACTES,

Par M. le marquis de LAROCHEFOUCAULD-LIANCOURT.

TROISIÈME ANNÉE.

PARIS,

AUX BUREAUX DE LA RENOMMÉE,

RUE NOTRE-DAME-DES-VICTOIRES, 14.

JUIN 1843.

ÉTUDES LITTÉRAIRES.

AGRIPPINE,

TRAGÉDIE EN CINQ ACTES,

Par M. le marquis de LA ROCHEFOUCAULT-LIANCOURT.

———————

Le 8 octobre 1826 Talma descendait dans la tombe, emportant avec lui l'estime due à son beau caractère, et les regrets que sa mort funeste et prématurée causait aux admirateurs de l'art tragique. Et ce fut un jour fatal, et dont les conséquences devaient être bien tristes! Héritier des traditions et du talent de Lekain, mais sachant, en homme de goût, éviter ses défauts, nourri à la source des bonnes études classiques, artiste et poète, Talma avait compris de bonne heure toute l'influence que la tragédie pouvait exercer sur la littérature; et, bien pénétré de cette idée que la gloire sourit à ceux-là seuls qui osent tenter de grandes choses, il entreprit de donner un nouvel éclat au théâtre, en le dégageant des travers et des ridicules, qui, on commençait à s'en apercevoir, nuisaient au succès

des meilleurs ouvrages. Réformateur aussi hardi qu'habile, il corrigea, par son exemple d'abord, et plus tard par de sages avis qu'appuyaient les ressources de sa vaste intelligence, des abus dont il avait le premier mesuré toute la portée ; et il rendit au Théâtre-Français cette immense réputation qui en fit, dès ce temps-là, le premier théâtre du monde. La vérité du costume, la noble simplicité du langage, voilà les premières réformes qu'il obtint à force de zèle et de travail ; on vit disparaître ces costumes étranges qui faisaient alors d'un héros de tragédie une espèce de charge ou de caricature. Il avait songé que, pour représenter dignemént les grands personnages de Rome et d'Athènes, il fallait autre chose que des grâces minaudières, et qu'un habit à paillettes et une épée d'acier étaient d'une inconvenance et d'une absurdité étranges ; que l'acteur devait étudier l'époque qu'il était appelé à traverser, le personnage qu'il devait représenter, et que s'il était dans l'obligation de se bien pénétrer du caractère du héros qu'il faisait revivre sur le théâtre, et auquel il empruntait une individualité dans laquelle il s'effaçait, afin de lui rendre son caractère et ses mœurs, il ne devait pas moins d'attention à la vérité historique du costume, qui en était le signe indélébile, et qui venait dignement couronner sa création. Et alors s'opéra un immense changement sur la scène, qui n'avait offert trop souvent que de déplorables mascarades, quand le public était contraint de voir le sénat romain affublé des robes et des perruques des médecins du *Malade imaginaire*, et Néron en poudre, en talons rouges, papillonnant autour de Julie en paniers et le visage couvert de mouches. Nous nous souvenons même, à ce propos, d'avoir lu il y a quelques années un livre curieux, dans lequel ce grand artiste, que personne en-

core n'a su remplacer, traitait, avec une supériorité
unie à tout le charme du style, l'importance de la vérité du costume, au point de vue de l'art et de l'illusion
scéniques. Nous regrettons vivement que le titre de ce
précieux ouvrage échappe à notre mémoire, nous pour-
rions le citer à l'appui de nos paroles. Et ces efforts et
ce zèle ne furent pas inutiles, car bientôt la tragédie se
leva brillante et radieuse de jeunesse, et le premier
Théâtre-Français devint un centre où tout ce que l'Eu-
rope contenait d'hommes illustres se donnait rendez-
vous pour venir admirer les chefs-d'œuvre de Racine
et de Corneille, joués avec ce talent et cet ensemble que
Lafont, Damas, MM^{mes} Georges, Duchesnois, et tant d'autres dont les noms ne me reviennent pas en ce mo-
ment, puisaient aux chaleureuses inspirations de leur
émule et de leur maître bien aimé. Et quel temps fut
plus favorable au développement de l'art, quels triom-
phes peuvent se comparer à ceux qu'obtenait cette
troupe d'élite appelée à jouer devant ces assemblées
de rois et de princes que le héros d'Austerlitz se plai-
sait si souvent a réunir sous sa puissante main... Et ce
fut vraiment en ce temps que la tragédie atteignit le
faîte de sa gloire, et les admirateurs passionnés de Lekain furent forcés de convenir que cet acteur, si cher
au caustique propriétaire de Ferney, avait enfin été
distancé, et que Talma, désormais sans rivaux, et justement salué du nom d'incomparable, avait enfin trouvé le secret de faire de la tragédie un spectacle grandiose, noble et pompeux, et la peinture la plus exacte
des mœurs et des coutumes antiques. En même temps,
et au même instant que cette révolution s'opérait sur
le théâtre, les hommes de lettres, les poètes, se réveil-
laient de leur long sommeil, et, poussés par une noble
ambition, ils dirigeaient le cours de leurs études vers

le genre classique. Aussi cette période du consulat et l'empire, si fatale à la littérature et aux beaux-arts, vit-elle surgir tout-à-coup des poètes illustres, qui déposaient aux pieds du Roscius moderne des pièces que son génie devait rendre immortelles. Nous devons à cet heureux retour aux bonnes études Lemercier (Népomucène), dont les plus beaux titres de gloire sont ses tragédies, qui, malgré leur défauts, restent comme un modèle de poésie antique ; Chénier, l'immortel auteur de *Charles IX*, et MM. Légouvé et Arnaud ; A. Soumet et Casimir Delavigne, tous deux jeunes à cette époque, mais qui, vivement impressionnés par le spectacle grandiose qui apparaissait à leurs yeux, se préparaient dans le recueillement à produire des chefs-d'œuvre, et qui sont encore aujourd'hui debout au milieu de nous, protestant avec force contre les envahissemens du drame effréné, et contre les erreurs d'une littérature en délire.

Mais Talma mourut, et après lui la tragédie ne jeta plus que de faibles lueurs ; et, faute de dignes interprêtes pour célébrer leurs chants, les poètes renfermèrent leurs manuscrits au fond de leurs portefeuilles, et ils attendirent que le retour de la raison leur permît de lancer sur la scène le produit de leurs veilles laborieuses, et ils attendirent longtemps !... Une grande révolution s'était accomplie ; le théâtre, libre d'une censure qui ouvrait une large route aux abus de toute espèce, se hâta d'ouvrir ses portes à ces jeunes écrivains qui, imbus des idées les plus fausses en politique comme en littérature, se ruèrent à l'envi dans cette nouvelle route, et convertirent la scène en tribune où il fut libre à chacun de venir faire sa profession de foi, de développer les principes les plus erronés, et où tous essayèrent de se poser en maîtres de-

vant le parterre et de lui imposer leurs opinions. D'autres inventèrent le drame obscène, [incestueux, dé-
vergondé, ce pathos inintelligible que l'on a qualifié de mille noms aussi justes que bizarres; et pendant ce temps, le Théâtre-Français, se couvrant la tête des pans de son manteau, pleurait en silence sa gloire éclipsée, et le jour où Mlle Duchesnois, fidèle à ses premiers sermens, allait finir sa vie glorieuse et pure dans l'abandon et la misère, que Georges allait, ruine belle encore, mais objet de compassion pour les appréciateurs de son talent, hurler le drame sanglant d'Alexandre Dumas et de Victor Hugo, les comédiens ordinaires du roi ouvraient furtivement un côté de leurs portes au drame moderne, qui entrait dans ce sanctuaire vénérable comme un voleur, et qui s'arrêtait interdit tout honteux de son admission dans un pareil lieu. Mais ce temps de folie devait avoir un terme; le public, fatigué de ces inepties ou de ces tableaux impurs que l'on jetait à sa curiosité, se retirait lentement, lançant un coup-d'œil de regret sur cette salle déserte où n'apparaissaient plus que les farouches séides du romantisme, et où le drame bâtard râlait ses derniers soupirs au milieu des contorsions des athlètes vigoureux que le comité avait dû appeler à son aide pour recueillir l'héritage des Molé, des Lekain, des Talma, quand soudain parut une jeune fille ignorée de tous, qui devait, disait-on, ramener les beaux jours de la tragédie et exhumer des cartons poudreux les chefs-d'œuvre du répertoire. Et elle vint en effet, et à sa vue, le drame disparut, et Rachel se posa en artiste animée du feu du génie, en face du parterre étonné de voir succéder aux débordemens de cette poésie ampoulée qui l'éloignait depuis dix ans du foyer de la rue Richelieu un langage élevé et noble, pur et sévère, simple et

doux, et de sentir son cœur, qui naguère se soulevait de dégoût, battre doucement et de sortir les yeux mouillés de larmes de cette salle qu'il fuyait hier avec empressement et où l'oisiveté, le besoin de distraction et l'habitude pouvaient seuls le ramener.

Dès cet instant aussi, le goût des études se réveilla, et une jeunesse ardente et noblement ambitieuse se présenta dans cette lice nouvelle pour essayer ses forces. Combien y furent heureux, là n'est pas la question. Nous signalons seulement les faits, nous réservant de les apprécier plus tard ; mais, parmi tous ces hommes à l'âme élevée qui s'empressent de concourir à l'achèvement de l'œuvre commencée, nous citerons un honorable descendant de l'auteur des *Maximes* (M. le marquis de La Rochefoucault-Liancourt), un des membres les plus distingués de cette illustre famille, où les vertus et les qualités les plus brillantes se transmettent avec le sang.

Homme d'un grand esprit, d'un caractère noble et beau, M. de La Rochefoucault a voulu, lui aussi, poser sa pierre dans ce monument, et il est venu, portant à la main son manuscrit d'*Agrippine*, et il s'est trouvé un directeur, qui a depuis longtemps fait ses preuves comme administrateur habile et spirituel, pour recevoir cette œuvre consciencieuse et la faire représenter sur son théâtre, qui, grâce à ses laborieux efforts, devient un rival redoutable pour le premier Théâtre-Français. C'est cette tragédie que nous allons essayer d'analyser, et dont nous craignons de ne pouvoir faire ressortir convenablement les beautés, que nous regrettons de ne pouvoir reproduire ici aussi largement que nous le désirons.

La scène est à Rome, sous le règne de Claude, qui commence à trouver le sceptre trop pesant pour ses

mains débiles. Il a résolu d'associer à l'empire Domitius,
fils d'Agrippine. Agrippine, qui désire sans doute le
bonheur de son fils, mais qui, après avoir tout gou-
verné sous Claude, se préparaît de loin à tout gouver-
ner sous le règne suivant, et qui, forte de la faiblesse
de Domitius, qu'elle a pris soin d'énerver pour en faire
un instrument de ses projets ambitieux, Agrippine, disons-nous, songe à renverser Claude et à s'asseoir elle-
même sur le trône, sous le nom de son fils. Après la
mort de son premier mari, Agrippine , éprise d'un
amour insensé pour Caïus, fils de Caligula, avait fui loin
de Rome, et un second hymen l'avait unie au meurtrier
de son époux. Plus tard, les soucis de l'ambition lui faisant regretter sa grandeur passée, lasse d'ailleurs d'er-
rer en fugitive, elle avait amené son amant à lui laisser
reprendre le chemin de Rome, à lui rendre sa liberté.
Elle était devenue l'épouse de Claude, et maintenant
que ce vieillard, tout chargé des bénédictions du peuple romain, s'apprête à lui donner une nouvelle preuve
de sa tendresse en associant son fils à l'empire, dans
l'espoir, dit-il, que ce fils, digne rejeton d'un grand
homme, sera un bon empereur, Agrippine, qui a déjà
fait poignarder son premier mari, médite froidement un
nouveau crime, et c'est encore Caïus, qu'elle a retrou-
vé dans le temple, cachant son origine fatale , ses
malheurs et ses crimes sous les vêtemens d'un prêtre
des dieux, c'est Caïus le meurtrier qui présentera au
prince le poison préparé par Locuste, dont le nom hor-
riblement célèbre dans les fastes impurs de cette sanglante époque de l'empire romain retentit comme un
glas funèbre, et vient jeter sur cette grande épopée un
cachet d'étrangeté saisissante. Claude, qui assiste au
temple à la cérémonie de l'adoption, reçoit de Caïus la
coupe empoisonnée, et il tombe mort au milieu des

cris d'horreur du peuple, qui accable de ses malédictions le meurtrier, qui vient aux genoux d'Agrippine réclamer le prix du sang; mais, abandonné par sa complice, il reste livré à la fureur vengeresse du peuple, qui foule aux pieds son cadavre déchiré. Alors Domitius, dont l'âme s'ouvre aux impressions que ce drame étrange éveille chez lui, Domitius, qui ne voit plus d'obstacles à ses passions, se relève soudain, et nous montre Néron tout entier; Néron, perdu par les exemples d'une cour licencieuse, Néron pur encore de crime, mais qui laisse entrevoir dans un avenir prochain les horreurs [de son règne, annales sanglantes dont le souvenir s'est perpétué d'âge en âge, et que Tacite nous a transmises dans ses pages éloquentes. Enfin, Agrippine, indigne fille de Germanicus, voit ses intrigues renversées et déjouées, et quand Sénèque, le philosophe de la cour, pressentant les malheurs de la patrie, cache sa tête sous son manteau, Agrippine prophétise l'avenir, et annonce à son fils la mort déshonorante qui doit clore sa carrière de crimes et d'infamies, et elle s'abaisse sous cette main invincible qui sait atteindre le coupable et ne laisse jamais les fautes impunies.

Voilà, si nous l'avons bien compris, le resumé de cette tragédie, et nous désirons avoir deviné la pensée du poète, qui, si nous avons bien senti le sens caché sous cette action qui se déroule majestueusement dans cinq actes exempts de longueur et de redites, se résume ainsi: Le crime ne profite jamais aux coupables, et est toujours puni. Pensée morale et consolante, que l'on retrouve toujours dans le cours de l'ouvrage, et que l'auteur a résumée dans son dernier vers:

O mortels, admirez l'impuissance du crime!...

Voilà cette œuvre, si simple dans ses développemens,

si complétement imprégnée, si l'on peut dire ainsi, d'un parfum d'antiquité, taillée sur le modèle des plus beaux ouvrages de Racine et de Corneille, et où l'on aime à retrouver cette vérité de l'histoire que l'on demande si vainement au théâtre. Les caractères y sont tracés avec une habileté qui décèle chez l'auteur une connaissance parfaite de cette triste époque ; on suit pas à pas ses lectures et ses veilles; c'est bien Sénèque, ce philosophe au langage élevé, austère sans affectation, sage sans morgue, faisant passer ses conseils à l'aide d'une flatterie qui ne l'empêchait pas d'être un ami aussi dévoué qu'un conseiller prudent et modéré. Ami de la justice, il voulait le bien, mais sans violence: et tous ses avis sont empreints d'une douceur qui le fait aimer. Il est admirablement dépeint dans ces vers :

> Honneur aux courtisans qui flattant la puissance,
> Lui font aimer l'encens de la reconnaissance,
> Qui l'enchaînent au bien par le bien qu'elle a fait,
> Et, pour louer son règne, en font un long bienfait.

On retrouve dans ce portrait le sage gouverneur, le savant précepteur qui avait formé le jeune Domitius, espoir de Rome ; et ce ne fut pas la faute du maître si plus tard l'élève devint un monstre souillé de tous les vices, de tous les crimes. Le poison des cours est plus puissant que les préceptes de la sagesse et de la vertu.

C'est Claude, faible et indécis, incapable de faire le mal, et doué de ces vertus négatives qui, à l'aide d'heureuses circonstances, font les bons ou les mauvais princes ; c'est Agrippine, cette fille dégénérée d'un grand citoyen, épouse adultère et criminelle, mère coupable, puisque ses vices apparaissaient publiquement, et venaient rejaillir sur son fils, que ses conseils avaient déjà perdu ; on se sent épouvanté de l'audace

effrénée de cette femme sans pudeur, qui, se jouant
de tous les sentimens, des choses les plus saintes, ne
recule devant aucun crime, si ce crime doit la con-
duire au trône, objet de ses vœux et de son ambition.

Il y a dans cette nature corrompue, où brillent de
loin en loin quelques étincelles de noblesse et de grandeur d'âme, il y a, disons-nous, quelque chose de su-
blime à voir, quand on observe cette lutte sourde et
obstinée contre les dieux eux-mêmes, qu'elle voudrait
contraindre à protéger ses forfaits. C'est une création
hors ligne, et qui vient bien même après celle de Racine, si l'on veut surtout observer que l'Agrippine de
Racine nous apparaît en femme verteuse et sainte, vic-
time des fureurs de son fils; et certes, ce n'est pas
ainsi que l'histoire nous représente la mère de Néron,
que sa mort cruelle ne lave pas de ses crimes. Enfin,
nous citerons, pour clore dignement cette étude des caractères des principaux personnages de la pièce de
M. de La Rochefoucault, Domitius, enfant aux nobles
sentimens, bon et affectueux, pur encore, malgré les
préceptes corrupteurs de son gouverneur, et les conseils
pernicieux de sa mère ; plein de tendresse et de recon-
naissance pour Claude, mais n'osant accepter le parta-
ge de l'empire, trouvant dans son amour pour Germanicus assez de force pour refuser un choix qui l'ho-
nore, mais qui l'épouvante. On rêve malgré soi à ce
Néron, qui, jeune alors, il est vrai, s'écriait en signant
un arrêt de mort: «Je voudrais ne savoir pas écrire!»
Et l'on sait gré à l'auteur de nous l'avoir montré ainsi
sous un jour tout nouveau. Mais bientôt Domitius nous
apparaît revêtu du manteau impérial, et les instincs du
tigre surgissent sous la bonté du jeune homme en-
nivré de la toute-puissance.

Locuste est encore une création aussi neuve qu'ori-

ginale; comme nous l'avons déjà dit plus haut, elle oc-
cupe dans l'ouvrage une place importante, et le poète
a su, avec une grande puissance de talent, mettre en
relief cette figure hideuse qui commence au règne
d'Auguste pour continuer à Néron, marquant sa marche sanglante à travers le palais des Césars, et sur les
cadavres assassinés des pères, des mères, des fils et des
sœurs de ces despotes sans vigueur.

Un seul rôle nous a semblé peu en rapport avec le
reste de l'ouvrage, c'est celui du Pontife. On y décou-
vre bien le cachet de sourde ambition, cette tendance
à abaisser le souverain sous la main du prêtre se posant
sans cesse à la place du Dieu qu'il représente; mais
nous avons vainement cherché l'esprit de paix et de
conciliation qui fait le fond vrai ou simulé de tous les
ministres des autels, payens ou chrétiens. C'est un prêtre arrogant, hautain, menaçant sans pitié, et nous
aurions désiré, au lieu d'un prélat intolérant du
moyen-âge, un pontife doux et sage, posé entre ces
victimes des passions les plus déchaînées comme un
Dieu de bonté et de miséricorde, sachant plaindre et
pardonner. Somme toute, la marche de cette tragédie
est marquée d'un cachet qui annonce une habitude de
la scène que l'on ne devait pas s'attendre à trouver chez
l'auteur, que nous aurions présumé peu habitué aux
créations dramatiques. Nous voici bientôt arrivé à la
tâche la plus facile de l'appréciation de l'œuvre de
M. de La Rochefoucauld, nous voulons parler du style.
Ici nous avons peu de choses à dire; certes, notre im-
partialité ne sera un objet de doute pour personne;
nous espérons que chacun saura apprécier que si notre
critique est devenue bienveillante, ce n'est pas à cause
du nom de l'auteur. Pour nous, un nom, un titre ne
sont rien; l'écrivain le plus obscur, le plus plébeïen,

aura toutes nos sympathies s'il sait glorieusement se frayer un chemin à travers la foule. Mais quand un homme, portant un nom illustre, un nom historique, vient affronter les luttes de la scène, et que cet homme a conçu une œuvre grande et belle, oui, nous aurons pour lui des éloges et des paroles de respect, parce que nous lui devons nos affections à un double titre : pour avoir fait un bon ouvrage et pour avoir noblement soutenu le nom de ses pères. Ce n'est pas à nous, humble écrivain, soldat inconnu de cette brillante cohorte qui salue de ses bravos ou terrasse de ses sarcasmes tout poète qui s'élève au-dessus de la foule, ce n'est pas à nous qu'il appartient de blâmer la conduite étrange de certain journaliste qui eût daigné s'occuper de la tragédie d'*Agrippine*, s'il eût pu savoir que cette pièce, qu'il jugeait indigne de son appréciation de critique, était le fruit des veilles laborieuses d'un noble marquis! Pitié pour de pareilles misères; quant à nous, sans peur, sans haine, nous le déclarons hautement et la main sur notre conscience, M. de La Rochefoucauld a été poète, et grand poète. Le style de son œuvre en est le côté le plus brillant. La versification est facile, entraînante, et si nous voulions citer les beaux vers qui abondent dans ce remarquable ouvrage, il nous faudrait les rappeler tous. Nous allons cependant en extraire quelques-uns, et nous pensons qu'on nous en saura gré; c'est une bonne fortune que de lire de bons vers, et, sous ce rapport, ceux-ci sont dignes de toute l'attention des lecteurs de *La Renommée.*

Au premier acte, Claude, parlant de tout ce qu'il a fait pour la prospérité de Rome, et de l'appui que les dieux accordent à l'homme de bien, dit :

.... C'est ainsi que les dieux, protégeant ma vieillesse,

Accordent quelque gloire à ma longue sagesse.
Mon exemple peut-être a corrigé les mœurs
Et Rome me devra de meilleurs empereurs.

Et ceux-ci tous pleins de douces images :

.... Aussi dois-je être heureux de voir autour de nous
S'écouler lentement les destins les plus doux ;
Agrippine se plaît à consoler ma vie,
Rome sous les Séjan si longtemps asservie,
Applaudit à mon choix et me voit sans regrets
Remettre entre ses mains nos plus chers intérêts.
Je sais que son génie épris de notre gloire,
Tantôt de nos grandeurs rappelant la mémoire,
Nous tient prêts aux combats pour maintenir la paix,
Tantôt sur le malheur étendant ses bienfaits,
Répand l'oubli des maux qu'elle rend si facile...

Et ces paroles de Sénèque, qui respirent bien toute
la majesté de Rome antique, de la Rome républicaine :

Aujourd'hui la sagesse affermit la puissance,
Elle me semble libre en son obéissance.
Une femme abaissant les fronts à son aspect
Autour de l'empereur impose le respect.
Seule elle garde en paix les peuples de l'empire,
Seule des étrangers réprime le délire,
Et son doigt élevé vers leurs climats lointains
A fixé sur leurs monts les aigles des Romains.
On a dit justement qu'elle était un grand homme...
. . . .

Et ces vers qui terminent le premier acte et que nous
ne pouvons passer sous silence :

SÉNÈQUE.

. . . .
Considérez surtout les heureuses prémices
D'un prince qui de Rome est déjà les délices.

Songez-y, lorsque Rome, au pied d'un affranchi,
Sous la corruption a si longtemps fléchi,
Heureux de voir cesser ces désordres étranges,
Au prince qui s'élève accordons des louanges,
Pour qu'innocent au moins pendant ses jeunes ans,
Il apprenne plus tard les plaisirs des tyrans...
Tout dépend des conseils qui suivront sa carrière,
Car ce sont les Séjan qui nous font les Tibère.

Au deuxième acte, quand Caïus le proscrit révèle au pontife ses malheurs et ses crimes, il y a quelque chose de grand dans ces paroles qu'il lui jette avec orgueil après avoir humblement confessé ses crimes en devenant le meurtrier de l'époux d'Agrippine et en l'enlevant, elle, la nièce des empereurs, et ceci vient en quelque sorte le justifier :

. . . .
Oui, sache qui je suis, Rome a du me proscrire,
Puisque, fils d'empereur, j'aspirais à l'empire;
Caligula, mon père, a versé dans mon sang
Ses crimes, son audace et l'espoir d'un haut rang.
Mais Agrippine alors regrettait sa patrie
Et Rome et les parens dont elle était chérie.
. . . .
. . . .
Elle a mêlé longtemps ses pleurs avec les miens;
Elle voulait rester malheureuse et fidèle ;
C'est moi qui la forçai de me laisser loin d'elle
Seul, errant, sans asile, et l'adorant toujours.

On devine dès-lors quelque chose d'horrible; ce nom de Caligula, qui vient se dresser menaçant au milieu de ces récits, glace d'épouvante et prépare l'âme aux plus sinistres forfaits.

Plus loin Domitius nous intéresse par sa modestie

et la grâce de ses discours ; aux flatteries de Sénèque,
il répond avec une noblesse qui charme et captive :

> Ah ! ne m'accordez pas cette faveur insigne,
> Romains, de me louer avant que j'en sois digne.
> . . . .
> . . . .
> Réservez votre estime à nos hommes célèbres ;
> Renouvelez l'éloge en leurs pompes funèbres ;
> C'est le prix mérité de leurs glorieux jours.
> Lorsqu'à peine des miens je commence le cours,
> Je n'ai pas eu le temps d'acquérir de la gloire ;
> Ah ! de Germanicus j'atteste la mémoire ;
> Attendez que son fils montre quelque vertu,
> Je ne veux pas d'éloge avant qu'il me soit dû.

Le quatrième acte surtout contient des beautés du
premier ordre, et nous n'éprouvons que l'embarras du
choix au milieu des citations que nous aurions à faire.
Ici nous nous contentons de copier ; nos lecteurs ap-
précieront.

SCÈNE II.

DOMITIUS.

> Mon père, en ce moment, tout est prêt dans le temple ;
> On n'admira jamais un aspect si brillant ;
> Et les peuples pieux, partout s'agenouillant,
> Au milieu des clartés de la voûte dorée,
> Semblent croire au retour des plus beaux jours d'Astrée.
> C'est vous qui prîtes soin de m'instruire des vers
> Dont un si grand poète enrichit l'univers.
> Je suis tenté de dire avec l'illustre maître :
> Un enfant vient du ciel, l'âge d'or va renaître.

CLAUDE.

> Voyez ; au sein des maux, dont nous sommes pressés,

Lorsque tant d'attentats nous semblent annoncés,
Ce jeune homme est heureux, en paix avec lui-même,
Et souriant à tous, tandis que chacun l'aime.
O bel âge d'erreur, d'innocence et d'amour!
. . . .

SCÈNE VI.

AGRIPPINE, LOCUSTE.

LOCUSTE.

Agrippine, c'est moi...

AGRIPPINE.

Je frissonne!

LOCUSTE.

C'est moi.
D'où vient à mon aspect ce ridicule effroi?
Vois, je te suis fidèle, et je plains ta souffrance;
J'apporte le poison, l'empire et la vengeance.

AGRIPPINE.

. . . .
Ah! dans un tel dessein qui ne tremble d'abord?

LOCUSTE.

J'étais jeune, il est vrai, quand j'offris à Livie
Les figues qui d'Auguste ont terminé la vie,
Mais je la vis trembler, et j'en eus honte...
. . . .

SCÈNE VII.

Les mêmes, CAIUS.

AGRIPPINE.

Oui, la voilà, Caïus, la coupe qu'on m'envoie!
(Caïus surpris, s'arrête.)
Mes jours étaient, dis-tu, pleins d'honneur et de joie.

Je me livrais sans doute à mes félicités ;
Je me glorifiais de nos prospérités ;
Et j'espérais, surtout, en servant à sa gloire,
Honorer de César le règne et la mémoire ;
Mais on m'en récompense et je l'ai mérité,
Puisque tu m'adorais et que je t'ai quitté.

CAIUS.

L'ai-je bien entendue ? ô dieux je vous l'atteste,
On n'achèvera pas cet attentat funeste.

. . . .
. . . . Ah ! que Claude dispose
D'un sang qui peut du moins apaiser son courroux ;
Je vais le satisfaire et je mourrai pour vous.

Et quand, avec une adresse admirable, Agrippine le détourne de sacrifier sa vie, et l'amène par degrés à concevoir la pensée d'assassiner Claude, malheureux ! lui crie Agrippine :

. . . . Je connais ton courage
Et sur Domitius tu vengeas mon outrage...

CAIUS.

Et Claude n'est-il pas cent fois plus odieux
. . . .

AGRIPPINE.

. . . . César ! il est au temple et moi !...
Il triomphe : il est là ! quand il faut que je meure.

CAIUS.

Il est là ? c'est à lui d'expirer à cette heure.

AGRIPPINE.

Non ; Locuste m'attend.....

CAIUS.

Locuste !
. . . . Un fer dis-je. . . . . .

LOCUSTE.

. . . . Est-ce donc d'un glaive qu'on se sert?
(Lui montrant la coupe.)
Vois.

CAIUS.

Ciel!

LOCUSTE.

Voilà comment à Rome on assassine!

. . . .

SCÈNE VIII.

Agrippine et Locuste, restées seules quand Caïus court
commettre un nouveau crime, se confient leurs espé-
rances; et quand Agrippine a révélé à Locuste ses projets ambitieux, celle-ci, levant le masque, l'accable
d'outrages, et l'on sent que l'infamie a rejailli de l'em-
poisonneuse sur l'impératrice, et que le crime a égalisé
leurs conditions. Cette scène est admirable d'horreur.
La punition commence pour Agrippine, et elle lui vient
de sa complice.

AGRIPPINE.

. . . .
Monstre!

LOCUSTE.

J'aime à venger ceux-même que je perds :
La justice des dieux vient souvent des enfers.

AGRIPPINE.

Perfide!

LOCUSTE.

Calme-toi.

AGRIPPINE.

Je ne veux plus t'entendre.
Sors.

LOCUSTE.

Sais-tu qui je suis, ou dois-je te l'apprendre?
Quand tu me fais venir tu connais mon pouvoir;
D'autres l'invoqueront et je dois tout prévoir.

AGRIPPINE.

Va-t-en.

LOCUSTE.

C'est là le temple où j'offris à Tibère
Le flacon par son ordre apporté pour son père.
C'est là qu'il m'embrassa quand j'eus fait le poison ;
Je partis , et ma main le remit à Pison;

AGRIPPINE.

Hélas!

LOCUSTE.

Ici ton frère implorait mon office
Et ta sœur avec lui fatiguait mon service.
Là , Liville à mes pieds priait contre un époux !

AGRIPPINE.

Tu te vantes peut-être?

LOCUSTE.

Eh ! nous démentions-nous
Quand sur le même marbre où j'ai servi Tibère
Tu pris pour ton époux la coupe de ton père?
Et maintenant que Claude a passé devant moi
Je suis prête : j'attends que son fils pense à toi.

Et au cinquième acte, quand Domitius voit à l'aide
de quels moyens sa mère a voulu conquérir ce trône
sur lequel il vient de s'asseoir, nous devons encore citer ces vers dignes de la plume de Corneille :

. . . . Je pense aux droits de ceux qui règnent;
Je cherche à deviner ce que ces morts m'enseignent.
. . . .
Fier de mes jeunes ans , de la noble origine

Et de Germanicus et des deux Agrippine,
Je voulus commencer par être vertueux ;
Je fus simple, soumis, aimant, respectueux.
. . . .
Mais j'apprends aujourd'hui que l'on se sert des crimes,
Pour monter au pouvoir sur le corps des victimes,
Et que si des forfaits nous portent à ce rang
On paraît aux mortels plus habile et plus grand.
. . . .
. . . .
Ces morts m'ont averti de ne vous rien céder,
Ainsi tout votre espoir était de commander ;
Un enfant d'un seul mot vous ravit la puissance,
O ma mère ! voyez : plaint-on votre souffrance ?
On sourit de vous voir tomber dans l'abandon ;
Vous voilà sous le joug dont vous m'avez fait don ;
Tous adorent en moi l'autorité suprême ;
Et si ma mère un jour me gênait elle-même...
Qu'en dites-vous Sénèque ? . . . .
. . . .
Romains, je suis Néron, seul nom que je veux prendre...
. . . .

Ne sentez-vous pas à ce nom que le temps des dissi-
mulations est passé. Et alors Agrippine annonce à la
Rome des Césars, à cette Rome débauchée et oublieuse
de sa gloire éclipsée, qu'elle a trouvé un maître plus
infâme qu'elle encore ; mais, courbant enfin sa tête sous
la main des dieux qu'elle a méconnus jusqu'à cette
heure, elle prédit aussi à ce prince quelle sera la fin
terrible qui l'attend, et elle s'écrie :

O mortels, admirez l'impuissance du crime !...

Voilà cette tragédie, cette œuvre si pleine de nobles
inspirations puisées aux sources les plus pures, et
écrite avec cette puissance de poésie que l'on ne trouve

que dans son cœur, et nous sommes à bon droit étonné
que le théâtre de l'Odéon ne fasse pas représenter cette
tragédie plus souvent; il y trouverait, nous en sommes
convaincu, une nouvelle source de prospérité, de
gloire et de profit.

Oui, nous le répétons, M. de La Rochefoucauld s'est
montré, comme poète, à la hauteur du sujet qu'il avait
abordé comme historien. Nous ne prétendons pas dire
que cette pièce est exempte de défauts, nulle chose ici-
bas n'est parfaite; mais l'entente de la scène est obser-
vée avec art, les caractères sont habilement tracés, et
la poésie est traitée avec une supériorité qui nous fait
regretter que l'auteur soit, par sa haute position, dans
l'impossibilité de s'occuper du théâtre avec toute l'as-
siduité et le zèle qui lui permettraient de développer
les riches facultés dont il est doué, et qui lui assure-
raient, nous en sommes bien convaincu, une place
honorable parmi les écrivains les plus renommés.

Nous avons encore une fois, qu'on le sache bien, la
volonté formelle de rendre hommage à un auteur d'un
mérite incontestable, mais nous éprouvons le besoin
de le dire à haute voix; pour nous, l'homme n'est rien,
l'œuvre est tout! Etranger à toutes les coteries, n'ap-
partenant à aucun parti littéraire, trop bas placé pour
que notre opinion puisse avoir une haute influence, et
c'est ce que nous regrettons amèrement, nous avons
choisi cet ouvrage comme but de nos études et de nos
réflexions, comme nous l'aurions fait pour toute autre
production, et en lisant, nous avons découvert des
beautés que nous ne soupçonnions pas, et nous avons
donné des éloges parce que c'était notre conviction,
parce que ces éloges venaient de notre cœur, et nous
nous sommes attaché à en faire ressortir les beautés,
convaincu que nous sommes qu'assez d'autres s'effor-

ceront d'y trouver des taches, et d'en extraire les défauts avec plus de soins et de persévérance que nous n'en avons mis à trouver les beautés qui se pressaient sous notre plume, et parmi lesquelles nous hésitons à faire un choix. Et nous avons été bien heureux de pouvoir accorder des louanges, et de pouvoir joindre nos applaudissemens à ceux de la foule qui se pressait dans la salle du théâtre de l'Odéon pour saluer de ses bravos cette belle composition. Oui, nous avons été satisfait de pouvoir, sans arrière-pensée, sans avoir à rougir de notre sincère admiration, adresser notre bienveillante critique à l'héritier d'un nom illustre pour lequel nous professons la plus respectueuse estime, et que nous voudrions voir plus souvent affronter les dangers de la scène.

Puissent ces lignes arriver jusqu'à l'auteur d'*Agrippine*; il y trouvera des encouragemens, et notre but sera atteint. En prenant la plume du critique, nous avons pris pour écrire cette épigraphe qu'A. Dumas a placée en tête de son beau livre de Gaule et France: *Sans haine et sans crainte.* Or, de même que nous attaquerons de sang-froid tout ce qui nous semblera impur et ridicule et que nous écraserons sans pitié ces productions infâmes que le délire de nos dramaturges livre sans pudeur à l'avidité de la foule, nous nous réservons aussi le droit d'encourager les écrivains laborieux qui s'efforcent d'enrichir le théâtre; et nous terminons en disant à l'auteur d'*Agrippine*: Vous n'avez pas fait seulement un bon ouvrage, vous avez fait une bonne action. Quand les hommes de votre talent, et qui occupent dans le monde un rang aussi élevé, consacrent à la littérature le temps qu'ils peuvent dérober aux affaires publiques et aux soucis de la politique, c'est un encouragement donné aux gens de lettres, car ils leur montrent le but où doivent tendre leurs efforts, et leur tracent le chemin; et en s'associant ainsi à leurs travaux, ils leur prouvent que les succès, et même les efforts tentés dans le dessein de remettre les bonnes études en honneur, égalisent les rangs, nivellent toutes les positions; et que c'est avec raison qu'on a dit, en parlant de la Société des littérateurs, *la république des lettres*. Et c'est que là, en effet, tous sont égaux par le travail, et que chacun y trouve la récompense de sa persévérance et de ses efforts !

Honneur à vous, auteur d'*Agrippine*, car votre nom reste désormais attaché à une œuvre qui demeurera comme une preuve vivante de votre beau talent, et de votre amour pour la littérature antique et la bonne poésie.

A. L.

IMPRIMERIE DE E. BRIÈRE, RUE SAINTE-ANNE, 55.

BIBLIOTHÈQUE ROYALE

BIOGRAPHIES PUBLIÉES PAR LA RENOMMÉE.

FASTES Politiques et Militaires.	FASTES Parlementaires et Diplomatiques.	FASTES Administratifs et Scientifiques.	FASTES Artistiques et Littéraires.
M.	MM.	MM.	MM.
Le duc d'Orléans.	Marquis de Dreux-Brézé.	De Rotschild.	Lesueur.
Guizot.	Comte Lanjuinais.	Baron Larrey.	Princesse de Salm.
Comte Duchâtel.	Duc de Serra-Capriola.	Hahnemann.	Pankoucke.
Humann.	Comte de Walewski.	Leroy-d'Etiole.	Kalkbrenner.
Comte de Montalivet.	Drouin de Luys.	Baron de Gérente.	Barroilhet.
Duc de Reggio.	Calemard-Lafayette.	Conte.	Tamburini.
Comte Jacqueminot.	Raguet-Lépine.	Cordier.	Erard.
Comte de Cessac.	De Bussières.	Flourens.	Meyerbeer.
Baron Gourgaud.	Taillandier.	Possoz.	
Vicomte de Saint-Marc.	Ducos.	Locquet.	
Comte Claparède.	Fulchiron.	Meilheurat.	
Comte Thiars.	De Tocqueville.	Vatout.	
Baron Durieu.	Mermilliod.	Eynard.	
Vicomte Bonnemain.	Vicomte Lemercier.	Fould.	
Baron Dupin.	Chégaray.	Lebeuf.	
Baron Aymar.	Gillon.	Legentil.	
Bourdeau.	Vicomte de Richemont.	Cottenet.	
Marquis de la Bourdon-	Comte Vigier.	Marquis de Louvois.	
naye.	Lacordaire.	Piorry.	
Duc de Doudeauvile.	A. Dubois.	Jules Guérin.	
Dumont-d'Urville.	Billault.	Baron Ladoucette.	
Marquis d'Osmond.	Berryer.	L. Vitet.	
Marquis de Gras-Préville.	Pozzo di Borgo.	Cochin.	
	Bᵒⁿ de Barante.	Comte A. Demidoff.	
	Mⁱˢ de Gras-Préville.	Mollevaut fils.	
		Jacques Lafitte.	

NOTA. On trouve aussi aux bureaux de la **RENOMMÉE** les Notices de MM. les Députés de l'ancienne et de la nouvelle Chambre.

SOUS PRESSE,

Pour paraître incessamment :

BIOGRAPHIES de S. M. LOUIS-PHILIPPE 1ᵉʳ Roi des Français ; — de S. M. l'Empereur de toutes les Russies ; — du Roi des Pays-Bas ; — de S. M. la Reine d'Angleterre ; — de S. M. le Roi de Sardaigne ; — de S. M. le Roi de Prusse ; — de S. M. le Roi OTHON ; — de S. A. R. la Duchesse d'ORLÉANS ; — de M. le Maréchal Duc DE DALMATIE, président du Conseil, ministre de la guerre, etc., etc.

La RENOMMÉE publie les Biographies *complètes* de toutes les célébrités contemporaines. Chaque numéro contient, outre ces Biographies, un *Bulletin politique*, une *Nouvelle littéraire* et une *Chronique parisienne*, revue des théâtres, de la littérature, des beaux-arts et des modes, etc.

La RENOMMÉE paraît mensuellement.

———◦———

PRIX DE L'ABONNEMENT :

	PARIS.	LES DÉPARTEMENS.	L'ÉTRANGER.
Par an........	24 fr.	28 fr.	34 fr.
Six mois.......	14	16	18

Un numéro de la Revue............	3 fr.	» c.
Une Biographie séparée..........	2	50
De plusieurs feuilles.............	6	50

———

NOTA. — La Collection de la **Renommée** forme 3 vol. du prix de 36 fr.

Tout ce qui concerne la rédaction et l'abonnement doit être adressé, franc de port, au bureau de la Renommée, rue Notre-Dame-des-Victoires, 14, à M. le Directeur-Rédacteur en chef.

Ceux de MM. les abonnés qui ne seraient pas régulièrement servis sont priés d'en donner avis à M. le Directeur-Rédacteur en chef.

MM. les abonnés sont en même temps priés de se tenir en garde contre toutes lettres ou autres pièces qui leur seraient adressées au nom de la Renommée, sans être revêtues de la signature du Directeur-Rédacteur en chef, ainsi que du timbre de l'Administration.

PARIS. — IMPRIMERIE DE E. BRIÈRE, RUE SAINTE-ANNE, 55.